PLAN
DE DIEPPE
ET DE SES ENVIRONS,

AVEC TEXTE EXPLICATIF.

IMPRIMERIE DE LACHEVARDIERE FILS,
RUE DU COLOMBIER, N° 30, A PARIS.

PLAN
DE
DIEPPE
ET DE SES ENVIRONS

avec texte explicatif

à l'usage des Étrangers.

Entrée de Dieppe par la Porte de la Barre.

A DIEPPE
CHEZ LES LIBRAIRES

A PARIS
Chez CARILIAN-CŒURY, *Libraire, Quai des Augustins, N.º 41.*

M.DCCC.XXVII.

PLAN
DE DIEPPE
ET DE SES ENVIRONS.

La ville de Dieppe doit son origine à des pêcheurs. Elle n'était encore qu'un village lorsque Guillaume-le-Conquérant, dans les premières années du onzième siècle, s'y embarqua pour retourner en Angleterre. Dès la fin du douzième elle était déjà comptée au nombre des villes importantes. Philippe-Auguste la détruisit; mais elle se releva promptement de ses ruines, et, par des accroissements successifs, des découvertes sur mer aussi hardies qu'heureuses, cette cité pouvait être comparée dans le seizième siècle aux républiques d'Italie. Elle est la patrie de Duquesne et de plusieurs autres grands hommes. Le séjour de S. A. R. MADAME, duchesse de Berry, l'affluence constante des étrangers dans la saison des bains, les travaux exécutés dans l'intérêt de son commerce, relèveront cette ville de l'état où l'avaient réduite les malheurs des temps.

Dieppe se divise en deux parties séparées par la grande rue; nous allons les parcourir, ainsi que le château, le port et les faubourgs

---

GRANDE RUE DE DIEPPE.

En arrivant de Paris, de Rouen, du Havre, le voyageur entre par la porte de la Barre, parcourt une rue qui emprunte son nom à cette porte, et se trouve dans la grande rue, qui n'est que le prolongement de la première. La grande rue se dirige à peu près de l'ouest à l'est sur 600 mètres environ de longueur; elle offre un très beau coup d'œil et sert souvent de promenade. On y trouve des établissements de librairie, tels que ceux de MM. Laffilé et Marais, un cabinet de lecture chez ce dernier, et de belles boutiques d'ivoireries, entre autres celles de MM. Blard et Meugnot.

QUARTIER AU SUD DE LA GRANDE RUE.

Ce quartier se trouve compris entre la grande rue et la promenade du cours.

CASERNE.

Elle n'a rien de remarquable; c'était un couvent de Carmelites. A peu de distance est l'entrepôt des tabacs.

RUE DES MINIMES,
AUJOURD'HUI RUE DES TRIBUNAUX.

ÉGLISE DES MINIMES.

Dans la rue des Tribunaux est l'ancienne église des Minimes. C'était dans le chœur de cette église qu'avait été inhumé en 1603 le gouverneur de Dieppe, Emar de Chattes, qui se conduisit avec tant de loyauté lorsque Henri IV se réfugia sous les murs de Dieppe. Pendant la révolution ce fut dans cette église que se tint le club; elle sert aujourd'hui de remise. Les restes d'Emar de Chattes en furent enlevés au mois de mai dernier et déposés dans un caveau de la chapelle de la Vierge de l'église de Saint-Remi. A côté de l'église des Minimes, dans l'ancien cloître, sont établis les tribunaux civil et de commerce et la chambre de commerce.

Dans cette même rue, près du cours, est une grande maison appartenant à M. Hébert négociant. Bonaparte, premier Consul, y logea en l'an XI. En face de cette maison est une raffinerie de sucre.

RUE D'ÉCOSSE. HÔPITAUX. SOUS-PRÉFECTURE. POSTE AUX LETTRES. MANUFACTURE DE DENTELLE.

Le nom de cette rue rappelle les anciennes relations de l'Écosse avec Dieppe. On y remarque deux hôpitaux, l'Hôtel-Dieu et l'Hôpital général. Un bâtiment qui en dépend forme la sous-préfecture. La tradition établit que madame Deshoulières, liée avec une supérieure d'une de ces communautés, passa dans ce lieu plusieurs années de sa vie. Près de la Sous-Préfecture est l'hôtel de la poste aux lettres. A l'extrémité de cette rue, sur la place dite le Marché-aux-Veaux, on voit encore un rang de vieilles maisons qui donnent une idée de la manière dont la ville était construite avant le bombardement de 1694. C'est sur la place du Marché-aux-Veaux que se trouve l'école manufacture de dentelles, établissement élevé sous les auspices de S. A. R. Madame, duchesse de Berry.

RUE SAINT-JACQUES.
ÉGLISE SAINT-JACQUES.

Cette rue, habitée principalement par des marchands et des fabricants de meubles, conduit à la place Saint-Jacques qui forme comme le parvis de l'église. Cette église fut fondée en 1250: son architecture présente de beaux morceaux du gothique élégant du quatorzième siècle. Les sculptures de la chapelle de la Vierge, tant à l'intérieur qu'à l'extérieur, celles de la façade du trésor, sont remarquables par la ténuité et l'élégance de leur exécution. Ainsi que dans beaucoup d'églises de Normandie, on voit dans celle-ci une chapelle dite du Saint-Sépulcre où est représentée la cérémonie de l'embaumement du corps de Notre Seigneur. Dans une chapelle formant sacristie est inhumé le célèbre Ango, mort en 1551. Ses richesses commerciales l'avaient rendu assez puissant pour faire la guerre au roi de Portugal. Dans le chœur reposent les restes de Richard Simon, un des Oratoriens dont l'érudition fit le plus d'honneur à ce corps savant. La tour de Saint-Jacques se termine par une plate-forme d'où l'on jouit d'un coup d'œil magnifique. L'église est entourée d'arbres plantés dans l'ancien cimetière.

PLACE D'ARMES,
AUJOURD'HUI PLACE ROYALE.

Cette place est environnée de maisons très élevées et uniformes. Le samedi, jour du marché, elle offre un aspect aussi varié qu'animé. En 1490 l'Hôtel-de-Ville était sur cette place ; c'était un beau bâtiment élevé sur des arcades, il occupait la maison où sont aujourd'hui les ateliers de M. Blard.

QUARTIER AU NORD DE LA GRANDE RUE.

TEMPLE DES PROTESTANTS.

On en voit la façade sur la droite lorsqu'on va de la Place Royale à la porte de la Barre ; il est tout près de cette porte.

CHATEAU.

La construction primitive de cette forteresse date du quinzième siècle. On monte au château par un chemin assez rapide. La vue dont on jouit à mesure qu'on s'élève est des plus belles. La porte de Secours aboutit à une côte dite la Citadelle : ce nom vient d'une citadelle qui fut démolie en 1689. C'est par cette porte qu'en 1650 la célèbre duchesse de Longueville se hâta de s'éloigner de Dieppe après avoir vainement essayé d'ébranler la fidélité des habitants. La tour carrée que l'on voit au sud, comprise dans l'enceinte du château, appartenait à une ancienne église dédiée à saint Remi.

PLACE DU PORT D'OUEST.

Son nom dérive de l'ancienne position du port de Dieppe. On y voit une salle de spectacle d'une construction simple et élégante. Elle fut bâtie en 1826 en moins de six mois, sur les plans de M. Frissard, ingénieur des ponts et chaussées. La dernière pierre fut posée le 8 août par S. A. R. Madame, duchesse de Berry.

BAINS CHAUDS.

Vis-à-vis de la salle de spectacle on voit le bâtiment des bains chauds. Cet établissement présente aux étrangers tout ce qui peut être utile et agréable. L'on y trouve des bains chauds et froids d'eau de mer et d'eau douce, des douches, et des logements meublés de différents prix; un café élégant est attenant à cet établissement.

BAINS A LA LAME.

En passant sous la porte du port d'Ouest, au-dessus de laquelle est une caserne de gendarmerie à pied, l'on aperçoit l'établissement des bains froids, autrement dits à la lame. Deux vastes salons sont réunis par une galerie couverte; dans l'un on trouve un billard, dans l'autre les journaux et les brochures nouvelles. Un jardin spacieux, une terrasse dont la mer baigne le pied, présentent une promenade salutaire; un restaurateur est établi dans un des pavillons du jardin. Des tentes que l'on transporte sur le rivage sont autant de cabinets de toilette. Des baigneurs jurés conduisent les dames, qui peuvent alors sans danger s'avancer dans la mer pour recevoir le choc des lames. Un docteur en médecine d'un mérite reconnu est attaché à l'établissement.

RUE DE BERRY.

On y voit l'Hôtel-de-Ville; ce bâtiment, qui était une maison des jésuites, n'est pas achevé : un joli jardin l'entoure. C'est dans cet Hôtel-de-Ville que furent logés en 1811 Napoléon et Marie-Louise. Une inscription placée dans le jardin rappelle un jour de bonheur pour les Dieppois, celui du débarquement de Madame la Dauphine, le 25 juillet 1815. Tous les ans on fête à Dieppe cet anniversaire. Une galerie unit l'Hôtel-de-Ville à la belle maison de M. Quenouille Olivier; les deux corps de logis ainsi réunis sont occupés par S. A. R. MADAME, duchesse de Berry, lorsqu'elle vient honorer la ville de Dieppe de sa présence.

ÉGLISE DE SAINT-REMI.

Cette église, qui succède à une église de ce nom qui était au pied du château, comme nous l'avons dit plus haut, fut commencée en 1522. Elle n'a pas été achevée : elle est remarquable par ses dimensions et le genre mixte de son architecture gothique et grecque. On y voit un très beau buffet d'orgue et au-dessous un bénitier couvert de caractères qui n'ont pas encore été expliqués. Dans la chapelle de la Vierge sont les tombeaux des gouverneurs Sigogne père et fils, Emar de Chattes et Montigny : des inscriptions nouvellement placées indiquent ces sépultures.

LA HALLE.
RUE DE L'ÉPÉE ET RUE DU HAUT-PAS.

La halle se tient maintenant dans la rue de Berry, qui est assez vaste pour l'exposition des grains. L'ancienne halle, détruite en 1824, occupait un des côtés de cette rue. La ville vient de faire l'acquisition d'une maison située vis-à-vis de l'ancien emplacement de la halle afin d'y établir des resserres pour les grains, et une halle aux toiles. La rue de l'Épée et la rue du Haut-Pas, qui sont la continuation de la rue de Berry, renferment une partie des nombreux ateliers de salaison et l'entrepôt des douanes.

ANCIENNE MANUFACTURE DE TABAC, HÔTEL DES DOUANES ROYALES.

Cette ancienne manufacture, dont le rétablissement serait un grand bienfait pour la ville de Dieppe, se trouve dans la rue Duquesne; c'est dans une salle de ce bâtiment que se tiennent les cours d'hydrographie et de mathématiques appliquées aux arts. Tout auprès et dans la même rue est l'hôtel des douanes, bâti sur l'emplacement d'un très ancien hôpital, puisqu'il existait, dit-on, dans le douzième siècle.

COLLÉGE.
ÉCOLE DES FRÈRES DE LA DOCTRINE CHRÉTIENNE.

La façade principale du collége s'élève sur le quai Henri IV; il est construit sur l'emplacement d'une maison somptueuse, qui appartenait au célèbre Ango. François 1er avait été reçu dans cet hôtel, où le possesseur lui avait donné des fêtes magnifiques. Le collége de Dieppe fut fondé sous les auspices du cardinal de Bérulle; on y compta, la première année de l'installation, quatre mille élèves. Il est aujourd'hui, et depuis l'année dernière, confié à d'habiles professeurs français et anglais. Ce collége, particulièrement protégé par l'université, offre de grands avantages aux élèves des deux nations. L'étranger rendra justice à l'administration municipale en voyant le soin qu'elle a pris pour rendre cet établissement des plus commodes et des plus importants. De la salle dite des Étrangers on jouit d'un coup d'œil des plus pittoresques, surtout au moment de la pleine mer. C'est au collége que se trouve la bibliothèque publique, qui se recommande par une collection d'ouvrages historiques; on y conserve un exemplaire des Mémoires de Sully imprimés sous les yeux de ce grand homme d'état, des manuscrits sur Dieppe, sur Longueville, et des antiques provenant des fouilles entreprises dans l'arrondissement de Dieppe. Derrière le collége, dans la rue Descalier, nom qui rappelle nn des fondateurs de l'hydrographie, une maison vient d'être destinée par la ville à une des plus belles écoles des frères de la doctrine chrétienne.

PORT.

Le port de Dieppe, le plus renommé des ports de la Manche pour la pêche, approvisionne Paris de harengs, de maquereaux et de toute espèce de poissons frais. C'est un coup d'œil curieux et digne d'intérêt de voir entrer ou sortir la nombreuse flottille des bâtiments pêcheurs : le débarquement et la vente du poisson présentent un spectacle très animé.

Les quais, très vastes, forment avec les jetées un grand développement. C'est devant le quai Henri IV que viennent aborder les paquebots à vapeur qui établissent une communication régulière avec l'Angleterre. L'un de ces paquebots part de Dieppe pour Brigthon les lundi, mercredi et vendredi : le départ de Brigthon a lieu les mardi, jeudi et samedi.

On est toujours sûr de partir et d'arriver à heure fixe.

En allant vers la jetée de l'ouest on remarque une vieille tour, dite tour *aux Crabes*, dont la mer venait autrefois baigner le pied. C'est de cette tour que les Dieppois se défendirent avec avantage contre les attaques de Talbot dans le fameux siége de 1442. Le quartier environnant, connu sous le nom de bout du quai, renferme les établissements où l'on prépare les harengs saurs et bouffis.

En s'avançant sur la jetée, l'on voit à gauche une maison régulière et isolée, sur laquelle on remarque des traces d'inscriptions. Cette maison fut érigée par ordre de Bonaparte, alors premier consul, pour être donnée à Bouzard, en récompense de ses services maritimes : ce brave marin, héritier du courage de son père, avait plusieurs fois sauvé des naufragés au péril de ses jours ; c'est son fils qui est aujourd'hui chargé de l'entretien du phare, et de diriger le halage et le sauvetage des bâtiments ; le grand-père était aussi chargé des mêmes fonctions ; il fut présenté à Louis XVI, et la cour l'avait surnommé le brave homme.

L'hôtel de la marine se trouve à l'extrémité de la rue de la Folie, à gauche de la jetée de l'ouest.

Le jeu des écluses de chasse, desquelles l'eau s'échappe avec une chute de quatorze à dix-huit pieds, a lieu pendant quatre à cinq jours vers la pleine et la nouvelle lune. Ce spectacle intéressera les étrangers. On fera remarquer que ces écluses ont été construites pour une nouvelle passe qui se rendrait à la mer en suivant le prolongement de l'axe du canal de chasse.

La retenue d'eau au-dessus des écluses a douze cents mètres de longueur sur quatre cents mètres de largeur ; elle peut contenir un volume d'eau de douze cent mille mètres cubes, qui s'échappe en une heure et demie ou deux heures par les écluses de chasse, dont le débouché est de treize mètres. Sur le bord de cette retenue sont établis plusieurs parcs aux huîtres. A deux époques de l'année les huîtres deviennent vertes. Ce phénomène a été expliqué par M. Gaillon naturaliste.

L'on exécute cette année les travaux nécessaires pour qu'une partie des quais du Pollet soit abordable pour les navires. Une place sera destinée aux bâtiments fins. On déblaie aussi les vases vis-à-vis des quais de la Poissonnerie. Ces améliorations augmenteront la capacité et la sûreté du port.

Le port de Dieppe n'est pas seulement un

port de pêche; on y reçoit aussi des bâtiments de commerce, chargés de bois du nord, de charbons de terre, d'acajou, de coton et d'autres marchandises coloniales. Ce commerce sera beaucoup plus étendu lorsque l'on pourra offrir aux bâtiments fins le bassin à flot dont les travaux sont maintenant en grande activité. On espère qu'il sera terminé dans deux ans. Alors la prospérité de Dieppe devra beaucoup s'accroître. Le port de Dieppe pourra recevoir des bâtiments marchands du plus fort tonnage, puisque, dans l'état actuel, une frégate peut y entrer de vive eau sans la moindre difficulté. En 1795 (an III) l'on construisit à Dieppe deux frégates qui furent gréées dans le port.

NOUVELLE VILLE.

On voit autour du bassin un vaste terrain élevé de dix pieds environ au-dessus du sol des prairies et occupé maintenant par les matériaux destinés à la construction de ce bassin; c'est l'emplacement d'une nouvelle ville projetée. Cette position est des plus avantageuses; les maisons de commerce se placeront sur le bord du bassin, et celles qui seront situées vers la vallée jouiront de la perspective qu'offrent les coteaux voisins. Ces projets, dont l'exécution est peut-être éloignée, font cependant espérer que la ville de Dieppe ne sera pas toujours circonscrite dans des murailles en ruine, qui la font considérer comme une ville fortifiée.

BOURSE.

La ville de Dieppe n'a pas encore de bourse couverte. Celle qui existe est une enceinte fermée par une grille et ombragée par deux allées d'arbres. La chambre de commerce a le projet de remplacer la grille en bois par une grille en fer, et de construire deux petits pavillons à l'une des extrémités.

Les arcades qui sont parallèles à la bourse offrent un abri aux marins et aux négociants et forment une belle ligne de quais réguliers autour desquels s'élèvent de beaux hôtels garnis.

FONTAINES PUBLIQUES.

Dieppe jouit d'un bienfait envié par un grand nombre de villes; celui des fontaines que l'on trouve sur toutes les places et dans un grand nombre de maisons particulières. Ces fontaines pourraient être autant de monuments simples et de bon goût; quelques unes déjà ont été changées. Des bornes-fontaines d'un meilleur style pourraient remplacer les masses insignifiantes qui distribuent l'eau dans tous les quartiers. Ces fontaines sont alimentées par les sources abondantes de la petite rivière du Gouffre près saint Aubin-sur-Scie; les eaux sont conduites par des canaux souterrains jusqu'au Petit-Appeville; les canaux passent ensuite sous des voûtes qui traversent la montagne et débouchent à Dieppe dans les fossés du château, près de la porte de la Barre. Ces voûtes ont été construites vers le milieu du seizième siècle, leur tracé est très irrégulier. De nombreuses ramifications distribuent ensuite les eaux dans la ville. Ce service exige beaucoup de soins et d'entretien.

PROMENADES PUBLIQUES.

Les jetées et la plage sont les deux promenades les plus fréquentées par les étrangers. Le cours établi sur un ancien rempart est fort bien planté, sa grande longueur le fait paraître un peu étroit, il a cependant une belle allée couverte et deux contre-allées. Le coursBourbon, situé à l'extrémité du port et près de la Retenue, est une promenade plus solitaire; l'aspect de la vallée d'Arques présente des points de vue variés et pittoresques. A gauche de ce cours l'on voit le commencement du canal de Dieppe à Paris, dont les digues sont aussi une promenade agréable.

Le chemin d'Arques, au pied du coteau, à gauche de la vallée, peut encore être considéré comme une promenade; il est presque partout ombragé, et son tracé irrégulier le rend plus agréable à parcourir.

Les promenades à cheval se font le plus ordinairement sur les quatre belles routes royales qui aboutissent à Dieppe ou qui traversent cette ville.

FAUBOURG DU POLLET.

Ce faubourg forma long-temps une petite cité, qui, par ses mœurs et ses usages, paraissait n'avoir aucun rapport avec la ville de Dieppe et même avec le reste de la France. Cette physionomie étrangère n'est pas encore complètement changée : la plus grande partie des habitants du Pollet se compose de pêcheurs, intrépides matelots. L'étranger choisit de préférence l'heure de la marée pour aller se promener sur les quais du Pollet. Dans la grande rue de ce faubourg se trouve une caserne, qui avant la révolution était un couvent de Sainte-Marie. Non loin de cette caserne est la prison neuve, remarquable par ses larges distributions et l'air sain qu'on y respire. Cette prison est bâtie sur l'ancien emplacement d'un couvent des capucins. Tout auprès est un terrain couvert d'arbres sur lequel on doit construire des abattoirs publics qui remplaceront les hideuses tueries qui sont à droite du pont du Pollet. A l'extrémité du faubourg, sur la route de la ville d'Eu, se trouve la modeste chapelle des Grèves. On dit qu'elle fut fondée dans le onzième siècle par un capitaine ou seigneur anglais échappé d'un naufrage, et qui avait fait vœu de bâtir sur la plage une chapelle en l'honneur de la sainte Vierge, sous le titre de Notre-Dame des Arènes ou des Grèves. Elle n'a rien conservé de l'architecture qui était en usage à l'époque où l'on place sa fondation.

FAUBOURG DE LA BARRE.

En entrant dans le faubourg de la Barre, qui est au sud-ouest du château, l'on aperçoit trois chemins : le premier, qui est sur la gauche, était autrefois la grande route de Dieppe à Rouen; il conduit sur le mont de Caux, hauteur qui fut fortifiée; sur la gauche de cette route sont de vieilles constructions dites le Château-Trompette. Le second chemin, qui est fort escarpé et qui se trouve sur la droite, mène à l'ancienne citadelle. Le troisième, qui est planté de peupliers et de robiniers, peut être considéré comme la grande rue du faubourg; il se nomme chemin du Prêche, parcequ'il conduisait à un temple du culte réformé, dont on aperçoit encore quelques vestiges à l'extrémité du faubourg, au point où commence la rue de Caude-Côte. Le faubourg de la Barre est formé, en grande partie, de nombreux et jolis jardins.

ENVIRONS DE DIEPPE.

CAUDE-CÔTE.

La grande rue du faubourg de la Barre conduit à ce hameau ainsi que le chemin qui se trouve à droite et qui monte sur l'ancienne citadelle. A l'extrémité du faubourg, on laisse un chemin qui se dirige à gauche, et l'on entre dans une rue plantée, dite la rue de Caude-Côte. Cette rue est fort agréable en été; elle peut être mise au nombre des promenades. En la suivant, on arrive sur un point où l'on trouve un sentier qui se dirige sur des terrains de labour. C'est là qu'en 1826, sous les yeux de S. A. R. Madame, duchesse de Berry, l'on exécuta des fouilles, qui mirent à découvert un grand nombre d'urnes cinéraires. Cette sépulture remonte au siècle des Antonins. Bientôt on parvient, en montant par une pente fort douce, au sommet de la côte, et l'on se dirige sur la droite vers la chapelle de Caude-Côte, et les restes d'un pavillon où logeait en temps de guerre le préposé aux signaux de la côte. De la chapelle de Caude-Côte on découvre un horizon des plus étendus; l'œil se promène tour à tour sur la mer et les coteaux de l'intérieur. L'air qu'on respire est des plus frais et dispose à une plus longue promenade.

POURVILLE.

Le même chemin qu'on a suivi pour se rendre à Caude-Côte mène, par une suite de beaux points de vue, au hameau de Pourville, à une grande demi-lieue de Dieppe sur la rivière de Scie. Lorsque la duchesse de Longueville fuyait précipitamment du château de Dieppe, elle tomba dans la rivière de Pourville, et cette mésaventure la força d'entrer au presbytère, pour réparer, près d'un feu allumé à la hâte, le désordre où sa chute l'avait mise ; elle s'embarqua ensuite à bord d'un navire qui l'attendait sur la rade. Les ruines de l'église de Pourville et les sites voisins pourront exercer les crayons de l'artiste

En continuant le chemin que l'on trouve au-dessus de Pourville et qui se dirige à travers un ravin profond, les piétons et les cavaliers peuvent se rendre à Hautot, Varengeville, le phare d'Ailly et Sainte-Marguerite. Les voitures sont obligées de suivre la grande route.

On croit que le chemin de Caude-Côte, qui conduit à Pourville et qui, passant ensuite par Varengeville, mène au village de Sainte-Marguerite, est une ancienne voie romaine.

Nous allons indiquer les routes que les voitures devront suivre pour gagner les villages de Hautot, de Varengeville, le phare d'Ailly et Sainte-Marguerite.

Grande route du Havre.

JAUVAL.

Nous parlons ici de ce hameau, parcequ'il confine à la route du Havre. Il offre le dimanche les scènes animées que présentent les divertissements d'une population avide de plaisirs. La grande route passe sur l'emplacement de l'ancien clos Bouchard, où Henri IV et Mayenne en vinrent encore aux mains après la bataille d'Arques.

LE PETIT-APPEVILLE.

A une demi-lieue de Dieppe, dans une situation très pittoresque, est le hameau du Petit-Appeville. On le recommande aux dessinateurs. C'est une des plus jolies promenades des environs.

HAUTOT.

Lorsque l'on est parvenu sur le sommet de la côte, on trouve sur la droite de la grande route un chemin qui conduit à Hautot. Des maisons de campagne s'élèvent çà et là au milieu des chaumières du village. Dans un bois qui s'étend du côté de la mer sont les ruines d'un vieux château.

VARENGEVILLE.

A droite de la grande route se présentent plusieurs chemins qui mènent à Varengeville, village des plus importants de l'arrondissement de Dieppe par sa population, et des plus beaux sous le rapport des sites et des plantations. La direction que nous suivons est plus longue que le chemin de Pourville ou du bord de la côte; mais on a bientôt franchi les deux lieues qui de ce côté se trouvent entre Dieppe et Varengeville. Le voyageur visitera le manoir d'Ango, qui présente encore de beaux restes de son ancienne élégance; on y remarque des médaillons-portraits, entre autres ceux qui représentent François Ier et Diane de Poitiers. Du haut d'une tour qui s'élève dans un des angles du manoir, on jouit d'un point de vue d'une grande étendue. De belles allées d'arbres qui dépendent de cette antique maison de campagne ressemblent à un parc. La nature s'y voit dans toute sa force et sa splendeur. S. A. R. Madame, duchesse de Berry, visita ces lieux l'année dernière. En quittant le manoir d'Ango ou peut s'enfoncer dans le village et aller visiter sur le bord de la côte la source connue sous le nom de *Martieu*.

Là se présente un site des plus agrestes, où l'on jouit en même temps de la vue de la mer et des falaises qui se prolongent à l'horizon. L'église de Varengeville, frappée de la foudre l'hiver dernier, fixera l'attention du voyageur. Sa position isolée est fort remarquable. Tout auprès, est une élévation en terre que l'on nomme le Câtelier, nom qui indique une ancienne fortification.

LE PHARE D'AILLY.

Du village de Varengeville on se rend en peu de temps au phare qui fut construit en 1775; il est semblable quant à l'architecture à ceux de la Hève. On découvre de la galerie qui entoure la lanterne une étendue de mer considérable, et du côté de la terre de hautes futaies qui annoncent les grandes fermes du pays de Caux. Les étrangers examineront avec intérêt le mécanisme de ce phare à éclipse qui a été renouvelé il y a peu de temps. Ils verront sans doute avec inquiétude pour la durée de ce monument les éboulements de la falaise qui s'approchent sensiblement du sommet où s'élève le phare.

SAINTE-MARGUERITE.

On descend du phare à Sainte-Marguerite. Ce village environné de côtes couvertes de bruyères et de joncs marins sera le terme de notre itinéraire entre la grande route du Havre et la mer. L'étranger visitera à Sainte-Marguerite un pavé mosaïque, qui annonce le séjour des Romains sur ce point de la côte, et l'église, qui appartient à une époque également remarquable, celle où les Normands firent la conquête de l'Angleterre. Cette église est en grande partie du onzième siècle; elle vient d'être restaurée, et l'on a eu soin de conserver le caractère de son antique architecture. S. A. R. Madame, duchesse de Berry, fit, l'an dernier, une promenade à Sainte-Marguerite et daigna donner une somme pour la restauration de l'église.

Entre la route du Havre et celle de Rouen.

GUEURES.

La vallée riante dans laquelle se trouve ce village, à trois lieues de Dieppe, est encore embellie par les jardins qui environnent le château. Une papeterie considérable, établie d'après de nouveaux procédés, va répandre la vie dans cette contrée, qui possède déjà plusieurs établissements industriels. Un dépôt de beaux étalons de races choisies améliorera sans doute les races françaises de chevaux de trait et de luxe, beaucoup trop négligées en France.

OFFRANVILLE.

Une promenade assez rapprochée de Dieppe est celle du beau village d'Offranville. Après avoir suivi les avenues d'arbres à double rang, le voyageur visitera l'église, où se trouvent des médaillons, parmi lesquels on en voit un qui représente François Ier. Un if monstrueux, patriarche des arbres de la contrée, ombrage le cimetière. La reine Hortense, actuellement duchesse de Saint-Leu, habita le château d'Offranville en 1813.

NOTRE-DAME-DES-VERTUS.

Ce petit village est encore moins éloigné de Dieppe que celui d'Offranville. Le bois qui entoure la rustique chapelle de Notre-Dame-des-Vertus charme par les points de vue dont il est entouré. Des inscriptions rappellent que cette chapelle fut érigée après la cessation d'une peste terrible qui ravagea Offranville. Sur les bruyères environnantes un camp de manœuvre fut établi en 1756.

SAINT-AUBIN ET SAUQUEVILLE.

L'étranger peut visiter sur la route de Rouen, à une lieue et demie de Dieppe, la riante vallée où sont les villages de Saint-Aubin et de Sauqueville. C'est dans cette vallée et près de ces deux villages que jaillissent les sources des fontaines de Dieppe.

Entre la route de Rouen et celle de Paris.

En quittant le village de Sauqueville on se dirige sur la côte qui le domine à l'est, et l'on arrive dans les belles avenues au milieu des bosquets qui dépendent du château de Miroménil. Ce nom rappelle celui de l'ancien garde des sceaux, sous les ministères de MM. de Maurepas et de Vergennes.

Entre la Route de Paris et celle de la ville d'Eu.

ARQUES.

La route que l'on suit le plus ordinairement pour se rendre à l'ancienne ville d'Arques longe le pied des coteaux qui sont à l'ouest de la vallée de Dieppe; nous en avons déjà dit quelques mots à l'article des promenades publiques. On passe par le hameau de Saint-Pierre d'Épinay, où se trouvent des guinguettes qui rivalisent avec celles de Jauval, et par le village de Bouteilles, lieu fort anciennement habité, et près duquel on voit encore les ruines d'une antique moinerie. Nous ne parlerons pas du petit hameau de Machonville.

Après une heure de marche environ, on se trouve au pied des ruines du château d'Arques, dont les premières constructions appartiennent à Guillaume, comte de Talou, oncle de Guillaume-le-Conquérant. Lorsque le voyageur aura visité ces ruines environnées de grands souvenirs, il se rendra à l'église, dont l'architecture, l'élégant jubé et les vitraux peints, sont dignes d'intérêt.

C'est de l'autre côté de la vallée où l'on se rend par la chaussée d'Archelles, que se trouve, en tournant à gauche, le champ de bataille célèbre par la victoire de Henri IV. Philippe-Auguste, dans le douzième siècle, avait combattu sur ce même terrain les Normands et les Anglais.

SAINT-NICOLAS D'ALIHERMONT.

La route qui conduit à cet important village part du Pollet, et passe par Bonne-Nouvelle, ancienne station romaine, Étran, Martin-Église et la forêt d'Arques. C'est à Saint-Nicolas d'Alihermont que sont les fabriques d'horlogerie de M. Honoré Pons, connu par les perfectionnements qu'il a apportés à cette branche d'industrie nationale. La forêt que l'on a traversée offre de très beaux aspects ainsi que la route que l'on a suivie.

DERCHIGNY.

Ce lieu est remarquable par les souvenirs qui s'y rattachent. Le château appartenait à M. de Clieu, auquel la Martinique doit l'importation du cafier. L'aimable hospitalité des châtelains actuels engagea S. A. R. Madame à accepter deux brillantes fêtes en 1825 et 1826.

Entre la route d'Eu et la mer.

CITÉ DE LIMES, OU CAMP DE CÉSAR.

Plusieurs chemins y conduisent ; pour les voitures et les cavaliers, la grande route et le village de Bracquemont ; pour les piétons, le Mont-de-l'Hôpital et l'ancien chemin de Dieppe à Criel, ou les quais du Pollet et une montée dite le Pignon ; par cette dernière direction l'on arrive sur la falaise où fut élevée la bastille, redoute que Louis XI, alors dauphin, emporta à la tête des Dieppois sur le fameux Talbot en 1442. Un fort, dont on voit encore quelques ruines, fut ensuite construit à cette même place. Du haut de cette falaise, surtout à l'heure de la pleine mer, le port et la ville de Dieppe, le château et les falaises de l'ouest, présentent un point de vue qui devrait enrichir la collection des diorama. Si le spectateur porte ses regards à droite, il voit la rade et la pleine mer; à gauche, la vallée d'Arques et les ruines du vieux château de ce nom.

On se trouve bientôt au fond du vallon de Puys, et après avoir gravi par un chemin assez rude l'on arrive dans la cité de Limes, qui fut un *oppidum* des Gaulois, autrement un lieu de refuge pour les Gaulois habitants de la contrée. En parcourant de l'œil l'ensemble de ce vaste établissement militaire, on apercevra des inscriptions qui indiquent la chaîne des *tumuli*, les restes d'habitations gauloises ou *tugurium*, et les ruines d'un édifice romain. On arrivera ainsi au pied du rempart de l'est, dont l'élévation au-dessus de la plaine est si imposante.

Le village de Puys, dont l'aspect est si différent de celui des villages qui se trouvent de l'autre côté de Dieppe, mérite que l'étranger le visite.

Dans des champs qui s'étendent entre Puys, Bracquemont et la grande route, on a mis à découvert, l'an dernier, par des travaux exécutés sous les auspices de S. A. R. Madame, duchesse de Berry, plusieurs fondations qui annoncent un grand établissement romain.

En continuant la route qui se dirige le long de la côte, on trouvera les gorges de Belleville et de Berneval, qui offrent de beaux points de vue. On s'apercevra facilement, lorsqu'on traversera les villages de cette côte, qu'on se trouve dans le voisinage de la Picardie.

L'étranger, que ses loisirs et ses goûts engageront à de plus grandes excursions que celles qui sont indiquées sur la carte que nous donnons, sera peut-être satisfait de trouver les indications suivantes :

Sur la route du Havre.

LE BOURG-DUN.

Trois lieues et demie de belle grande route conduisent à ce village, dont l'église est assez remarquable. Les personnes qui s'intéressent aux améliorations de notre industrie rurale verront au Bourg-Dun un des plus beaux troupeaux de moutons de race anglaise dite Leicester.

Entre la route du Havre et celle de Rouen.

LUNERAY. BACQUEVILLE.

Luneray, où se trouvent une église catholique et un temple du culte réformé, est remarquable par ses belles plantations et l'industrie de ses habitants, qui fabriquent des tissus de lin et de coton. Luneray et le Bourg-Dun sont sur les limites de l'arrondissement de Dieppe. Le bourg de Bacqueville, qui est à quatre lieues de Dieppe, est un des marchés les plus considérables du département de la Seine-Inférieure. La place où se tient le marché est remarquable par son étendue et par sa régularité. Les campagnes qui environnent Bacqueville sont de la plus grande richesse.

Entre la route de Rouen et celle de Paris.

LONGUEVILLE. MONTIGNY. LA CHAPELLE.

Longueville est à quatre lieues de Dieppe. Sa vallée et les restes du vieux manoir de Dunois offrent cet intérêt que présente le contraste des ruines avec un riant paysage.

On ne quittera pas Longueville sans avoir visité les beaux bois du château de Montigny, qui appartient à M. le Chancelier de France, qui eut l'honneur d'y recevoir l'an dernier S. A. R. Madame, duchesse de Berry. On peut faire route ensuite pour le village de la Chapelle, où sont de magnifiques allées de hêtres, et revenir à Dieppe par la grande route de Paris.

BELLENCOMBRE.

La vallée de Bellencombre rappelle d'une manière fort agréable celles de la Suisse. Malheureusement le mauvais état des chemins rend ce canton d'un accès difficile. Bellencombre est à sept lieues de Dieppe.

LA VILLE D'EU.

La route qui conduit à cette ville est très belle, et les six lieues qu'il faut parcourir pour s'y rendre sont franchies en moins de trois heures. L'église de la ville d'Eu est d'un beau gothique; la chapelle souterraine mérite d'être visitée. L'église du collége renferme les tombeaux du duc de Guise le Balafré et de la duchesse son épouse, monuments avoués par l'art. La chaire de cette église a vu Bourdaloue se livrer à ses premières inspirations.

Le château, qui s'élève près de l'église paroissiale sur la route du Tréport, est une des maisons de plaisance de S. A. R. Monseigneur le duc d'Orléans. Il est entouré d'un beau parc et de vastes jardins. Beaucoup de souvenirs se rattachent à ces lieux, entre autres celui de mademoiselle de Montpensier, qui l'habita long-temps. On y trouve une galerie de portraits historiques, qui, sous ce rapport, n'a rien de comparable en France. Dans une des cours, on conserve des débris de frises et de colonnes provenant d'une ruine romaine située dans le bois *l'Abbé*, qui est à peu de distance de la ville d'Eu. Tout près du château actuel subsistent quelques débris d'un château plus ancien où Charles-le-Simple fut prisonnier, et qui fut témoin ensuite des noces de Guillaume-le-Conquérant. A travers les arbres du parc on entrevoit le Tréport et son église placée à mi-côte; ce petit port n'est distant de la ville d'Eu que d'une demi-lieue. On y voyait avant la révolution une abbaye dont il ne reste plus que quelques ruines. Nous engageons le voyageur à visiter l'église, dont la construction est remarquable; le point de vue dont on jouit lorsqu'on est arrivé devant le portail peut dédommager d'une montée un peu rude.

Le Tréport fut honoré l'année dernière de la visite de S. A. R. Madame, duchesse de Berry, qui, partie de Dieppe, y débarqua, et fut reçue au château d'Eu par S. A. R. Monseigneur le duc d'Orléans.

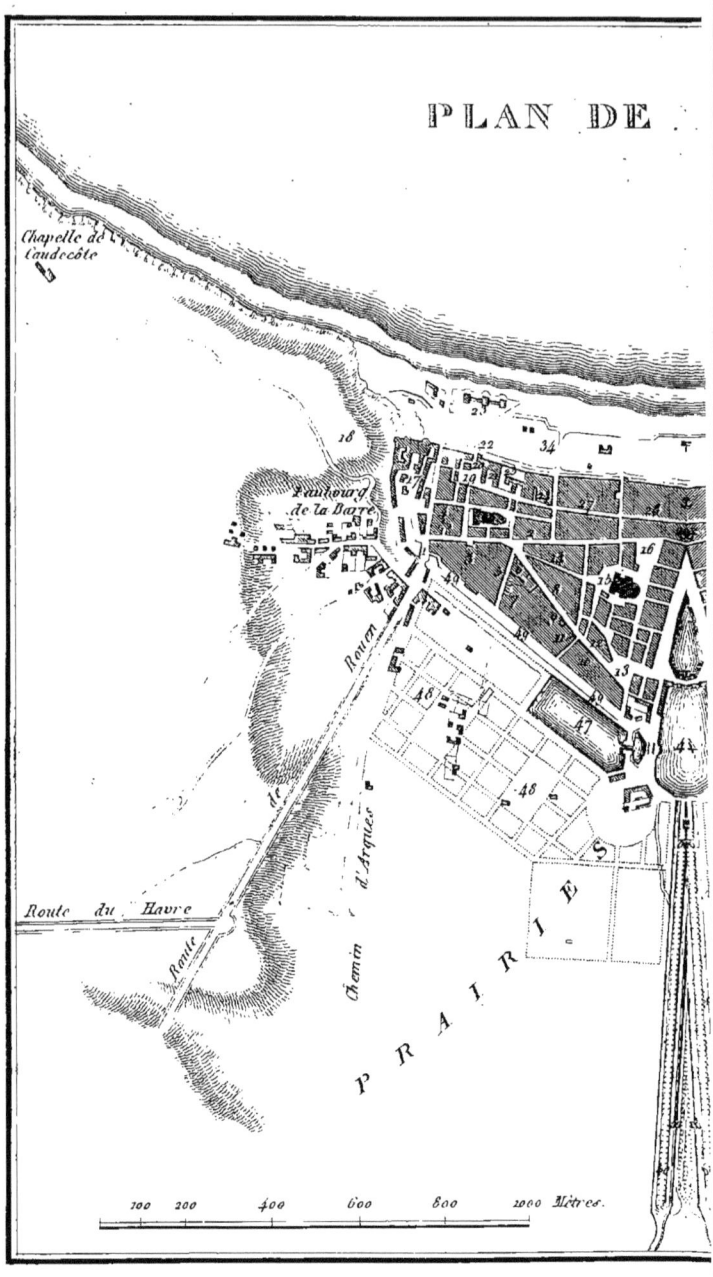

Légende

1. Porte de la Barre.
2. Grande rue.
3. Caserne.
4. Temple des Protestants.
5. Rue des Minimes.
6. Eglise des Minimes.
7. Tribunaux.
8. Rue d'Ecosse.
9. Hôtel-Dieu.
10. Hôpital général.
11. Sous-Préfecture.
12. Poste aux lettres.
13. Marché aux Veaux.
14. Rue St Jacques.
15. Eglise St Jacques.
16. Place Royale.
17. Château.
18. Citadelle.
19. Place du Port d'Ouest.
20. Salle de Spectacle.
21. Bains chauds.
22. Porte du Port d'Ouest.
23. Bains à la Lame.
24. Rue de Berry.
25. Hôtel de ville.
26. Eglise St Remi.
27. Rue de l'Epée.
28. Rue du Haut-pas.
29. Douanes royales.
30. Ancienne manuf.re de tabac.
31. Collège Bibliothèque.
32. Maison Bouxard.
33. Hôtel de la Marine.
34. La Plage.
35. Jetée de l'Ouest.
36. Jetée de l'Est.
37. Port.
38. Ecluses de chasse.
39. Nouvelle passe.
40. Retenue.
41. Parcs aux huitres.
42. Pont du Pollet.
43. Prison.
44. Chapelle.
45. Place de l'ancien fort du Pollet.
46. Arrière-Port.
47. Bassin.
48. Nouvelle ville.
49. Le Cours.
50. Cours Bourbon.
51. Canal de Dieppe à Paris.

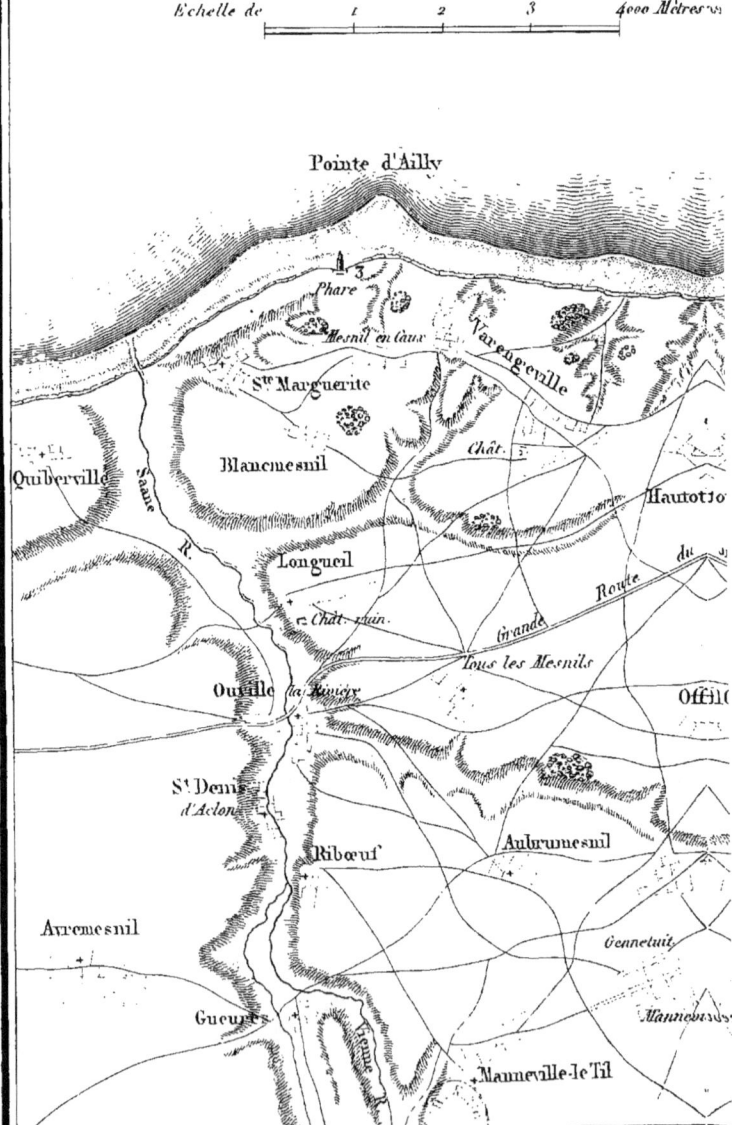

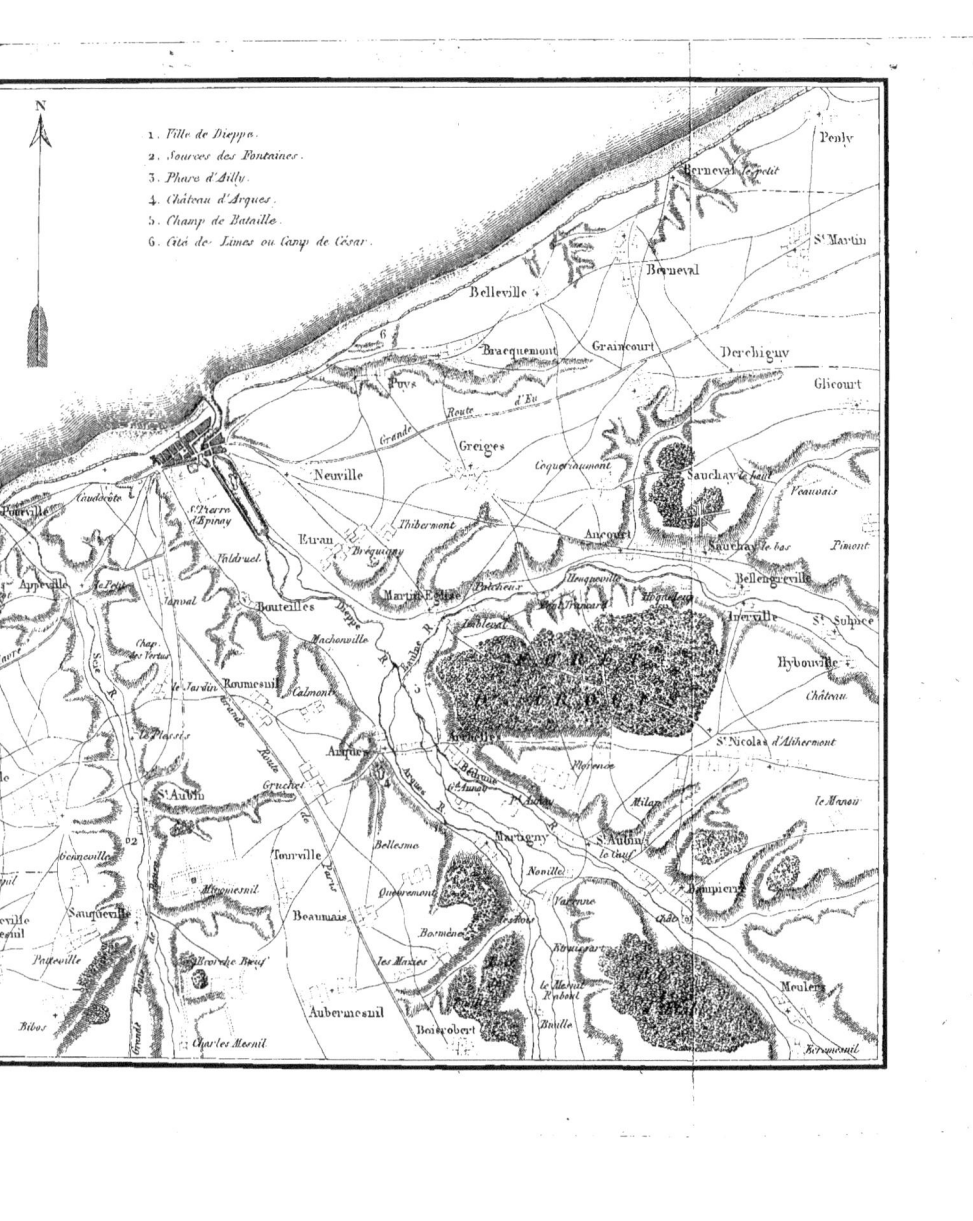

www.ingramcontent.com/pod-product-compliance
Lightning Source LLC
LaVergne TN
LVHW051515090426
835512LV00010B/2541